ELI WHITNEY

INVENTORES FAMOSOS

Ann Gaines
Traducido por Esther Sarfatti

Rourke Publishing LLC
Vero Beach, Florida 32964

www.rourkepublishing.com

DERECHOS DE LAS FOTOGRAFÍAS
Departmento de Transporte de Texas, ©Fotografías de archivo, Harper's Weekly, Museo Eli Whitney

SERVICIOS EDITORIALES
Pamela Schroeder

Catalogado en la Biblioteca del Congreso bajo:

Gaines, Ann
[Eli Whitney.Spanish]
Eli Whitney / Ann Gaines
p. cm. — (Inventores famosos)
Includes bibliographical references and index.
Summary: A biography of the inventor of the cotton gin, whose application of standardized parts to the production of weapons and other machines was a major influence in the development of industry.
ISBN 1-58952-177-3
1. Whitney, Eli 1765-1825—Juvenile literature. 2. Cotton gins and ginning—Juvenile literature. 3. Inventors—United States—Biography—Juvenile literature. [1. Whitney, Eli, 1765-1825. 2. Inventors. 3. Spanish language materials.] I. Title.

TS1570. W4 G3518 2001
609.2—dc21
[B] 2001041683

Impreso en EE. UU. — Printed in the U.S.A.

CONTENIDO

ELI WHITNEY Y SU INVENTO

Eli Whitney fue un inventor. Hizo algo que nadie había hecho antes. En 1793, hizo una máquina para sacar las semillas del algodón recién cosechado. La llamó desmotadora de algodón.

Usamos el algodón para hacer ropa. Hoy en día, la mayoría de los pantalones, camisas y vestidos están hechos de algodón.

El algodón se convirtió en el cultivo más importante del sur de Estados Unidos.

UN CHICO QUE HACÍA COSAS ÚTILES

Eli Whitney nació en Westboro, Massachusetts, el 8 de diciembre de 1765. Era un muchacho al que le gustaba hacer cosas útiles. En su adolescencia, él y su padre construyeron una **forja** en su establo. Una forja es un sitio especial para calentar el metal.

Whitney aprendió a dar forma al metal sobre el fuego. Usaba la forja para hacer clavos y alfileres de sombrero para vender.

Eli Whitney nació en esta casa.

EL PROBLEMA DEL ALGODÓN

Después de terminar sus estudios en la universidad, Eli Whitney se mudó a Carolina del Sur. Allí conoció a Catherine Greene. Ella poseía una **plantación**, una gran tierra de cultivo.

Catherine le dijo que el algodón crecía bien en sus tierras. El problema era que limpiar el algodón llevaba mucho tiempo. Una persona trabajando todo el día podía sacar las semillas de tan sólo una libra de algodón. ¡Tenía que haber una manera de hacerlo más rápido!

Obreros recogiendo algodón

El algodón es difícil de limpiar debido a sus pequeñas semillas negras. Están escondidas en la pelusa de algodón, llamada **cápsula del algodón**. La cápsula del algodón es el fruto de la planta de algodón.

Durante miles de años, la gente había extraído las semillas a mano. Tiraban de cada semilla a lo largo de las **fibras** o hilos del algodón. Cuando la semilla llegaba al final de la fibra, la sacaban del algodón.

Recoger y sacar las semillas del algodón a mano era un trabajo duro.

LA DESMOTADORA DE ALGODÓN

Eli Whitney trató de idear una manera mejor de sacar las semillas del algodón. En su mente, imaginó una máquina con diminutos dedos de alambre. Los dedos de alambre recogían las semillas de las cápsulas del algodón.

Whitney recordó las cosas que hacía en la forja de su casa. Encontró trozos de metal y de madera en la granja de Catherine Greene. Trabajando rápidamente, construyó una máquina desmotadora de algodón. ¡La probó y funcionaba!

Eli Whitney sabía que los granjeros del sur querrían usar su desmotadora de algodón. También esperaba hacer dinero con ella. Pidió una **patente** al gobierno. Esperaba que su patente evitaría que otros copiaran su desmotadora de algodón.

Mejoró su máquina. Entonces fue a la oficina de patentes y demostró cómo funcionaba la desmotadora de algodón. Recibió su patente en marzo de 1794.

Este dibujo se usó para la patente.

NO PRINTED COPY OF SPECIFICATION IN OFFICE.

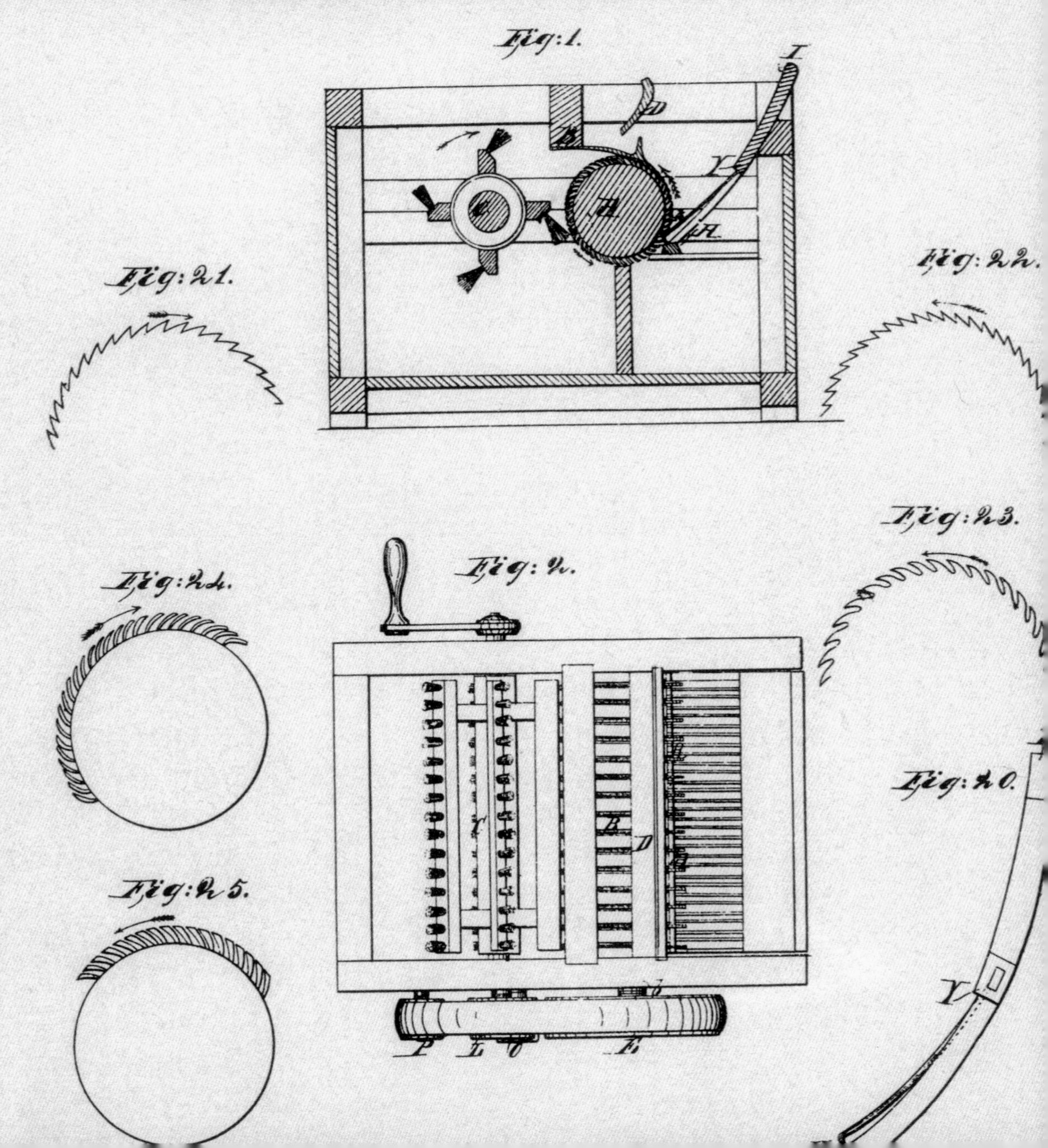

FABRICANDO DESMOTADORAS DE ALGODÓN

Eli Whitney empezó a fabricar desmotadoras de algodón. Muchos granjeros usaban las nuevas máquinas. Pagaban a Whitney entregándole una parte de su algodón.

En 1795, la fábrica de desmotadoras de algodón de Whitney se incendió. Pronto se le acabaron las máquinas. Los granjeros empezaron a construir sus propias máquinas. No respetaron la patente de Whitney. No le pagaron por copiar su máquina. Como resultado, nunca se enriqueció con su invento.

Esta desmotadora de algodón podía limpiar las semillas de cincuenta libras de algodón al día.

ELI WHITNEY HACE PISTOLAS

En 1797, Eli Whitney inventó máquinas para fabricar componentes de pistolas. Los obreros montaban las piezas para producir pistolas. Las pistolas hechas a mano eran todas diferentes. Las pistolas de Whitney eran todas iguales. Las hacían rápidamente. También podían repararlas rápidamente.

El ejército de Estados Unidos quería más pistolas. Le dieron dinero a Whitney para construir una fábrica de pistolas. Se convirtió en el fabricante de pistolas más importante del país.

Un viejo anuncio de las pistolas de Whitney

WHITNEY'S IMPROVED REVOLVERS.

The improvements consist in the top bar, or jointless frame, which supercedes the necessity of securing the Barrel to the Cylinder and Frame by means of a Center-pin or Arbor, and afterwards destroying its strength by a key-hole. The Center-pin in any Revolver should be used for the Cylinder to revolve upon only, and not to hold the Pistol together. Whitney's Revolver is a superior balanced pistol, and less subject to be diverted from the point aimed at, by the recoil, at the time of its discharge. The principal weight lies in the Breech and Cylinder, and hence rests better on the hand than the old style of Revolvers.

Whitney's Revolvers are equal to any in market, and seldom need repairs. They are made of the best materials, and in a superior manner. Besides being better balanced, they are more accurate shooters than most Repeating Pistols in use, because the barrel is more firmly held to the Cylinder, so that there is no yielding, or springing apart, when the ball leaves the cylinder to slug through the barrel. Whitney's Pistols are warranted safe in all respects, efficient and durable. The Pistols are offered in market on reasonable terms, from the fact that the manufacturer's expenses are less than many others, since he operates his extensive Armory at Whitneyville, Ct.—full of accurate and expensive machinery—by water-power instead of steam.

RECORDANDO A ELI WHITNEY

En 1817, Eli Whitney se casó con Henrietta Edwards. Tuvieron cuatro niños. Tras una larga enfermedad, murió el 8 de enero de 1825.

Hoy en día, los granjeros usan desmotadoras de algodón modernas. Después de 200 años, la máquina de Whitney es todavía importante. La primera desmotadora de algodón está expuesta en Washington, D.C., en el Museo de Historia de América, de la Institución Smithsonian. Se pueden aprender más cosas sobre Whitney en el Museo Eli Whitney de Hamden, Connecticut.

Hoy disponemos de mejores máquinas para recoger y limpiar el algodón.

FECHAS IMPORTANTES PARA RECORDAR

1765	Nació en Westboro, Massachusetts (8 de diciembre)
1794	Recibió la patente por la desmotadora de algodón
1795	La fábrica de desmotadoras de algodón se incendió
1797	Inventó máquinas para fabricar componentes de pistolas
1817	Se casó con Henrietta Edwards
1825	Murió después de una larga enfermedad (8 de enero)

GLOSARIO

cápsula del algodón — el fruto blanco e hinchado de la planta de algodón

fibra — un largo y fino hilo de un material como el algodón o la lana

forja — un taller donde, mediante el fuego, se puede calentar y dar forma al metal

patente — un reconocimiento hecho por el gobierno, que dice que, por un periodo de tiempo, sólo el creador de un invento tiene el derecho de fabricarlo, usarlo o venderlo

plantación — una gran extensión de tierra cultivada

ÍNDICE

Lecturas recomendadas

Collins, Mary. *The Industrial Revolution*. Children's Press, 2000
Davies, Eryl. *Inventions.* Dorling Kindersley, 1995
Willing, Karen Bates. *Cotton*. Now and Then Publications, 1995

Páginas Web recomendadas

- www.yale.edu/ewhitney
- www.nra.gov/education/cc/whitney.html

Acerca de la autora

Ann Gaines es autora de muchos libros de divulgación para niños. También ha trabajado como investigadora en el Programa de Civilización Americana de la Universidad de Texas.